AF170826

Du allein wirst Sterne haben,
die lachen können.

Antoine de Saint-Exupéry

SternenBlick
Ein Gedicht für ein Kinderlachen

herausgegeben
von
Stephanie Mattner & Ben Kretlow

Bibliographische Information der Deutschen Nationalbibliothek

Die Deutsche Nationalbibliothek verzeichnet diese Publikation in der Deutschen Nationalbibliographie; detaillierte bibliographische Daten sind im Internet über http://dnb.d-nb.de abrufbar.

Impressum

Copyright © 2014
Stephanie Mattner & Ben Kretlow (Hrsg.)

Herstellung und Verlag:
BoD – Books on Demand, Norderstedt

Coverbild: Elena Schweitzer - Fotolia.com
Covergestaltung: Stephanie Mattner
Lektorat: Lisa Katharina Bechter

Saint-Exupéry Zitat:
© 1950 und 2014 Karl Rauch Verlag, Düsseldorf
Mit freundlicher Genehmigung

ISBN 978-3-7386-0805-2

Vorwort

Es ist das Lachen eines Kindes, das uns erinnert an vergessene Sorglosigkeit, das uns für einige Minuten Zeit entrückt schmunzeln lässt. Die Fähigkeit, unsere Umwelt mit den Augen eines Kindes betrachten zu können, Wolkenschlösser zu bauen, in Leichtigkeit aufzusteigen, Zauberfrösche zu imaginieren und in jedem Regenbogen eine ganze Welt zu entdecken, bleibt oft ein Wunsch verschlüsselter Fantasie von Erwachsenen. Wenigen gelingt es doch.

Genau diese Menschen, haben sich für die Zusammenstellung dieses Gedichtbandes gefunden. Sie bewahren sich immer ein Stück Kindlichkeit im Herzen und gehen offen und neugierig mit ihrem Alltag um. Ihre Texte sind zutiefst authentisch und schaffen es mit wenigen Worten, verblasste Erinnerungen zu beleben und das Kindsein für den Akt des Lesens wieder zu erwecken.

Allen 49 Autoren liegen Kinder auf besondere Weise am Herzen – sie sind stolze Mütter und Väter, Großmütter und Großväter, Brüder und Schwestern. Sie engagieren sich in unterschiedlichen gemeinnützigen Projekten, die bedürftigen Kindern überall auf der Welt ein besseres Leben ermöglichen wollen.
Ein Kinderlachen ist für sie keine leere Hülse, die es

mit Sinn zu befüllen gilt. Ein Kinderlachen ist für sie ein Ziel, das mit guten Taten zu erreichen ist. Wegen und für all diese besonderen Menschen ist dieses Buch entstanden.

Gemeinsam Poesie beleben, ist der Leitsatz des Projektes: *SternenBlick – Ein Gedicht für ein Kinderlachen*, denn Dichtkunst soll wieder gehört werden, Worte sollen wieder berühren und bewegen. Als ein Ausdruck von Liebe zur Poesie, ist dieser Band aus der Idee gereift, zeitgenössische Dichter und ihre Gedanken zum Thema: *Kindheit und Kindsein* hören zu wollen und entwickelte sich zu einem Treffpunkt an dem Menschen zusammenfinden, um gemeinsam ihre Worte für das Gute zu teilen. Der Erlös dieser Veröffentlichung geht an *Kinderlachen e.V.*, die das Geld in Form von Sachspenden an bedürftige Kinder vermitteln.

in strahlenden Kinderaugen ist unser Antrieb!

Die Welt
· Artem Zolotarov ·

Diese Welt ist nicht wie jene
in der wir gefangen sind.
Hier trägt jeder Löwenmähne
und bewahrt das inn're Kind.

Hier passieren keine Wunder.
Sie steh'n täglich im Programm.
Regenbogen sind hier bunter
und die Winter tropisch-warm.

Diese Welt liegt hinter Bergen,
hinter Bergen aus Papier.
Hier, wo Dichter Schätze bergen,
schreib ich Glück und Freude mir.

Hier verdicht' ich graue Wahrheit
zu Geschichten aus Magie.
Sei mein Gast und lausch der Schönheit
dieser fernen Poesie.

Kapitel 1
Kindsein

· Stefanie Kieselmann ·

Ein kleiner Stern am Himmel steht,
der warme Wind ihn sanft umweht,
er schaut hinab aufs weite Meer,
sein Herz voll Sehnsucht – tränenschwer.

Er blickt hinab – starrt in die Ferne,
ganz weit dort unten wär er gerne,
er ließ sich von den Wellen wiegen,
würd unterm Himmelszelt gern liegen.

Er sieht zum Ufer – klare Sicht,
da sitzt ein Kind, das leise spricht,
das Sternlein strengt sich an zu lauschen,
den Worten und dem Meeresrauschen.

Das Mädchen sitzt am Strand und weint,
blickt hoch zum Stern, der helle scheint.
Mein Sternlein, was erzählst du mir?
ich träum mich hin – ganz nah zu dir.

Wenn ich auf deinen Zacken sitze,
hör ich den Donner, seh die Blitze,
gleich neben mir die Wölklein schweben,
du Sternlein hast ein nettes Leben.

Und irgendwann da würd ich springen,
mich mutig in die Lüfte schwingen,
würd langsam Richtung Erde gleiten,
und andren Menschen Freud bereiten.

Als heller Stern flög ich zum Strand,
ein Sternenschweif wär mein Gewand,
verwandelt mich alsbald in Funken,
bis ich im Wellenmeer versunken.

Das Sternlein lächelt, lässt sich fallen,
es jauchzt und findet schnell Gefallen,
es saust und braust in Richtung Meer,
das Fliegen fällt ihm gar nicht schwer.

Das Kindlein sieht den Stern und lacht,
der Sternenschweif erhellt die Nacht,
der Stern taucht ein ins schwarze Meer,
ist nun kein Stern am Himmel mehr.

Kinderszenen

· Marlies Blauth ·

wie leicht
sich die welt bewegt

durch den raum
rollen wollen
langsam schnell
tänzeln fliegen
und die erde
ist ein ball
alle zeit
zur sonne segeln
regeln kegeln
stolpern
fallen
immer wieder

ist da jemand
der mich hält

Wovon sie wohl träumten?

· Roman Brendel ·
Bildwortwolke

Stell dir vor, die Welt wäre Wackelpudding, Geld hätte kein Gewicht, jeder Kuss schmeckte nach Regenbogen, Nebel bestünde aus Glück und jeder Sonnenuntergang gäbe ein zufriedenes Seufzen von sich.

Stell dir vor, Traurigkeit könnte lachen, Einsamkeit hätte eine Hand, die man halten kann, Zukunft wäre eine Farbe im Wasserfarbkasten, Entscheidungen dürften schummeln und Träume versendeten luftig duftende Einladungspostkarten ans Universum.

Stell dir vor, in Liebe könnte man schwimmen, an jeder Ecke kuschelten Götter, aus jeder Wolke rieselten Blumen, der Tod campierte auf der schokoladigen Seite der Sterne und Lagerfeuer aus Grenzen schleuderten leuchtend flimmernde Funken in den Himmel.

Wovon würden unsre Einhörner dann wohl träumen?

· Susanne-Marie Hüttner ·

Stundenlang die Zeit vergessen
Blätter flach in Bücher pressen
Haare sich in Strähnen flechten
Mit dem Stiel des Besens fechten
Häuser oben in den Bäumen
Ideen, die gern mal überschäumen
Bunte Felderblumensträuße
Manchmal Zecken oder Läuse
Streunern bis die Nacht einbricht
Durch das Fenster Streifenlicht
Leise Melodien im Ohr
Und für morgen so viel vor

· Marie Fabienne Fahrenholtz ·

Darf ich kann ich jetzt sofort?
Ich darf sofort Tür auf Tür zu und raus nur raus
und nichts machen und doch alles ich freue mich
und lache und denke an nichts und alles als
ich sie entlang laufe, diese

Eine Straße
Unsere Straße
Kinderstraße
von uns Straßenkindern

Von Haus zu Haus werden wir mehr lachen
schreien und rennen sind nichts und doch alles
Indianer Chinesen Piraten und Könige und
manchmal nur wir selbst und dort ist er

Ein Garten
Unser Garten
Kindergarten
von uns Gartenkindern

Wasser spritzt auf plattgespielten Rasen und
vermischt sich auf Tischchen mit bunter Farbe die
wir an den Fingern im Gesicht haben um zu malen um
Lob von den Lehrern zu bekommen die Lehrer sind
die Älteren und mit ihnen malen wir nichts und doch
[alles.

Dann klappt die Tür kurz nur doch daraufhin
sind jung und älter wieder gleich beim naschen
Stille. Knistern. Kauen.
Danach wieder lachen und schreien

Ein Lachen
Unser Lachen
Kinderlachen
von uns Lachkindern

Es wird schwer die Farben zu unterscheiden
und Laternen gehen an die Kleineren gehen und
irgendwann auch die Größeren
Es wird ruhiger bis Garten und Straße still sind
und wieder anderen gehören

An einem Tag haben wir nichts und doch alles gemacht.

Henry's Geschichte

· Dagmar Tollwerth ·

Sie waren so aufgeweckt und unbedarft, die Enkel von Henry. Wild sprangen Annie und Frédéric in ihren Schlafanzügen auf den Betten auf und ab. Es machte ihn glücklich, wenn seine Enkel ihn besuchten. Er konnte es immer kaum erwarten, denn sie brachten Leben in seinen Alltag. Die einzige Schwierigkeit war sein gesetztes Alter. Daher war er dankbar für die Unterstützung seiner Haushälterin, Camille. Sie war flott auf den Beinen und die Kinder mochten sie sehr. Camille hatte die Kinder gebadet und fürs Bett fertiggemacht, während Henry das Geschirr vom Abendessen abwusch. Nach getaner Arbeit ging er in das Kinderzimmer und erfreute sich am Anblick seiner spielenden Enkel.

„Erzähle uns die Geschichte von den Marionetten, Großpapa!", riefen die Kinder im Chor. „Bitte! Wir wollen sie so gern hören." Diese Geschichte aus seiner Kindheit musste Henry seinen Enkeln immer wieder erzählen. Oft haben sie ihm schon zugehört und sie war ihnen natürlich längst bekannt. Aber es machte ihm nichts aus, denn er liebte es sie zu erzählen. Er schaute auf die Uhr. Nickend verließ er das Kinderzimmer und kam mit einem Stuhl zurück. Er setzte sich auf denselben hin. Annie und Frédéric machten es sich auf ihren Betten bequem und hörten aufmerksam zu, obwohl sie bald jedes Wort kannten.

„Es war das Jahr der Weltausstellung. Unzählige Besucher feierten die Erfolge der Elektrizität. Das war gut, denn es kamen viele Touristen nach Paris. La Tour Eifel zählte bereits 11 Jahre. Wir lebten zu viert in der kleinen, möblierten Wohnung über einer Bäckerei in der Rue de Lisbonne. Es war ganz in der Nähe des Arc de Triomphe. Euer Urgroßvater fertigte Marionetten von Hand an und verkaufte sie auf dem Markt an Touristen. Er versuchte es täglich und war immer stundenlang fort. Anstrengend war diese Zeit und nicht selten kam er ohne etwas verkauft zu haben nach Hause. Bei Wind und Wetter, auch in grausamster Kälte, stellte sich euer Urgroßvater auf den Markt. Großzügige Touristen hatten manchmal Mitleid mit ihm und kauften eine von seinen Puppen. Eure Urgroßmutter putzte gelegentlich in dem kleinen, benachbarten Hotel de Lisbonne. Es waren harte Zeiten. Das alles wussten wir genau, daher stellten eure Großtante Marguerite und ich keine Ansprüche. Aber an den Tagen vor Weihnachten machte sich Vater immer auf die Suche nach ganz besonderen Dingen und brachte trotz der Umstände erstaunliche Geschenke mit." Henry schweifte lächelnd ab. „Wir Kinder konnten nicht in die Schule gehen. Unseren Eltern blieb nichts anderes übrig, als uns zu Hause zu unterrichten. Mutter kam hin und wieder mit Büchern aus dem Hotel heim. Es waren

Bücher, die Touristen zurückgelassen hatten und die der Hotelier in den Müll warf, weil er den unschätzbaren Wert nicht erkannte. Wir freuten uns jedes Mal sehr, wenn sie ein neues Buch mitbrachte. Ich sehe unsere Mutter noch heute, wie sie mit dem in schwarzen Leder gebundenen Buch in der Tür stand. Es war ein Märchenbuch und es hieß „die Welt der Farben". Dass es magisch war, spürten wir noch am gleichen Abend. Wir konnten es kaum erwarten, bis Vater wieder zu Hause war. Das gemeinsame Lesen am Abend war längst zu einem Ritual geworden. Unsere Mutter war die Begründerin dieser Sitte. Sie liebte es, uns mit Schriften bekannt zu machen, die lehrreich waren und uns glücklich machten. Wir waren so neugierig auf das neue Buch. In der Nacht davor hatte es stark geschneit und es wurde von Tag zu Tag kälter. Gelegentlich sah man die Sonne als roten Ball am fahlen Winterhimmel leuchten. Dann kam Vater dick vermummt in seiner Winterkleidung zur Tür, herein ins Warme. Man sah nur seine roten Wangen. Mit leiser Stimme begrüßte er uns. Er war niedergeschlagen, weil er an diesem Tag nichts verkaufen konnte. Doch unsere Vorfreude konnte nichts trüben. Er legte seine Marionetten in die Truhe. Die Schuhe streifte er sich ab und hielt seine steif gefrorenen Füße an das Feuer. Während er in die Flammen blickte, lauschte er dem Knistern der brennenden Holzscheite. Nach dem Abendessen saßen wir gemeinsam am Kamin. Die Geräusche von draußen auf der Straße, dämpfte frisch gefallener Schnee.

Vater setzte sich auf seinen grünen Sessel, nahm die Pfeife aus den Zähnen und begann mit lauter Stimme vorzulesen. Als er an die Stelle kam, wo er die Worte „… und die Welt erhielt ihre Farbe wieder …" sprach, hörten wir Klopfgeräusche. Vater bat uns, still zu sein. Wir fragten uns, woher das Klopfen kam und horchten gespannt. Es hörte nicht auf. Vater ging durch das Zimmer und dann zur Truhe. Es kam aus der Truhe. Er öffnete sie und in dem Augenblick sprangen die Marionetten nacheinander ins Freie. Wir staunten. Man stelle sich die überraschten Gesichter vor, die wir alle machten. Marguerite und ich waren ganz aufgeregt und liefen quer durch das Zimmer, hinter den Marionetten her. Es war wie in einem Traum. Meine Marionette Basira, die ich einst von eurem Urgroßvater zu meinem fünften Geburtstag geschenkt bekam, lebte auch. Wir waren so aufgeregt. So ganz konnte ich es nicht fassen, immer wieder rieb ich meine Augen und sah noch einmal hin. Als Mutter das Buch dann unbedacht zusammenklappte, fielen die Marionetten zu Boden. Was war geschehen? Mit bangen Blicken schauten wir auf das Buch. Mutter öffnete es wieder. Doch die Marionetten bewegten sich nicht. Vater nahm es zur Hand und las noch einmal die Worte „… und die Welt erhielt ihre Farbe wieder". Erneut lebten die Holzpuppen. Wir spielten und sprachen mit den Marionetten. Sie dankten Vater, weil er sie erschaffen hatte. Es war ein unvergesslicher Abend für unsere ganze Familie. Einige wenige glückliche Tage verbrachten wir mit den Marionetten und freuten uns über ihre Gesellschaft. Dabei passten wir sorgfältig auf, dass niemand das Buch schloss. Ich sprach mit Basira über dies und das. Wir erzählten uns alles, was uns bewegte. Bis zu dem Tag, als Mutter vom Hotel nach Hause kam und uns mitteilte, dass wir das Buch wieder zurückgeben müssen. An diesem Tag habe der Besitzer, ein kränklicher Mann, nach diesem Buch gefragt. Offenbar war das magische Buch doch nicht unseres. Der Hotelier war im Glauben, dass das Buch weg sei. Er warf es, wie viele andere Bücher zuvor, in den Müll. Aber Mutter wusste es besser, denn auch dieses Buch nahm sie aus dem Müll. Ihr schlechtes Gewissen plagte sie. Sie nahm immer Anteil am Schicksal anderer. Nach einem Gespräch mit uns und den Marionetten entschied sie, dass das Buch zu seinem Besitzer gehörte. Die Marionetten und wir Kinder flehten sie herzzerreißend an, sie möge ihre Entscheidung ändern. Wir hatten große Angst, dass die Welt ohne die lebenden Puppen trostlos werden würde, und wollten uns den Gedanken daran nicht ausmalen. Mutter vertrat die Meinung, dass es Unrecht sei. Das Buch gehöre nicht uns. Andernfalls würden wir unseres Lebens nicht mehr froh. Euer Urgroßvater schrieb in der kommenden Nacht das ganze Buch mit Feder und Tinte ab. Er schrieb jedes Wort, was auf diesen Seiten stand. Aber mit dem geschriebenen Papier funktionierte es nicht. Die Marionetten blieben leblos. Die ganze Familie war unendlich traurig. Aber wir sahen es ein, dass wir das Buch nicht behalten durften. Der Gutmütigkeit unseres Vaters war es zuzuschreiben, dass wir trotz der wenigen Mittel, die wir zur Verfügung hatten, ein Erinnerungsfoto mit den Marionetten bei uns zu Hause machen lassen konnten. An diesem unvergesslichen Morgen im Dezember waren die Straßen leer. Nachdem die letzten Worte mit den Marionetten gesprochen waren, gingen Mutter und ich zum Hotelier, um ihm das Buch zurückzubringen. Viele Wochen hörten wir die Lautlosigkeit der Stille. Wir mussten uns anstrengen, in unser gewohntes Leben zurückzufinden. Ich wartete die folgenden Tage am Hotel, bis der Besitzer des Buches kam, um es abzuholen. An nächsten Samstag kam er, gestützt auf seinem hölzernen Gehstock. Als er mit dem Buch unterm Arm das Hotel verließ, sprach ich ihn an. Mit einem Kloß im Hals erzählte ich ihm von unseren lebenden Marionetten. Er lächelte freundlich und fragte mich nur nach meinem Namen. Dann ging er fort."

„Dürfen wir Basira sehen?", fragten Annie und Frédéric forsch. Henry ging an die alte Truhe seines Vaters und holte die Marionette heraus. Die Kinder nahmen sie abwechselnd bei den Hölzern und ließen sie tanzen. Sie hüpften mit dem prächtigen Spielzeug umher und waren dabei so fröhlich. „Warum hat Basira keinen französischen Namen, Großpapa?", wollte Annie wissen. „Mein Vater hatte ein dunkles Holz verwendet. Ich fand, dass die Marionette afrikanisch aussah", antwortete Henry.

„Und die Welt erhielt ihre Farbe wieder", sang Annie. Doch Basira blieb eine leblose Holzpuppe.

„Schade, dass sie nicht lebt", trauerte Annie. „Ich möchte das auch so gern erleben."

„Nun, es ist spät geworden." Henry forderte seine Enkel zum Schlafen auf. „Gute Nacht ihr Zwei." Er deckte die Kinder fürsorglich zu und ging mit Basira aus dem Zweibettzimmer. Lächelnd verstaute er die Holzpuppe wieder in der Truhe. Es gibt Tage, da glaubte er selbst nicht, was in jener Zeit geschehen ist. Er verbrachte diesen Abend ausnahmsweise mit Camille in anregender Unterhaltung. Das war unüblich, denn Camille verabschiedete sich immer zeitig, um zu ihrem Mann nach Hause zu kommen. Er ging in das Wohnzimmer, trat an seine Kommode und nahm ein Fotoalbum aus der oberen Schublade. Seite für Seite blätterte er im Album, bis er auf das eine Foto stieß. Einige Minuten hing er in Gedanken der alten Zeit nach. Kein Zweifel, es waren magische Tage, die sie erlebten. Dankbar für diesen Beweis, überzeugte er sich anhand des Bildes immer wieder der damaligen Geschehnisse. Bevor Henry sich zu Bett legte, warf er noch einen Blick in das Zimmer der Kinder. Annie und Frédéric schliefen friedlich. Am nächsten Nachmittag brachte er seine Enkelkinder zurück zu ihren Eltern. Nach ein paar schönen Stunden mit der Familie seines Sohnes fuhr Henry wieder nach Hause. Er genoss die Zeit mit seinen Enkeln in vollen Zügen, so oft es der Herrgott

ihm in seinem hohen Alter noch erlaubte. Am Abend, kurz nach dem Essen, stand ein Bote vor der Haustür. Er zog ein Päckchen unter seinem Mantel hervor und reichte es Camille mit den Worten: „Madame, das hier ist für Monsieur Durand." Camille nahm es entgegen und brachte es Henry, der es gleich öffnete. Er nahm etwas in Pergamentpapier Gewickeltes und einen Umschlag aus dem Karton.
„Ich verabschiede mich für heute. Einen schönen Abend, Henry." Camille verließ die Wohnung.
Henrys Leises „danke, gleichfalls" wird sie nicht mehr gehört haben. Der Gruß schien seinen Mund fast geräuschlos verlassen zu haben. Es war nun ganz still geworden. Nur eine Katze, die draußen vor dem Küchenfenster miaute, war zu hören. Henry las die Karte:

„Meine Zeit ist gekommen. Ich gehe wieder in die Truhe."

Er drehte die Karte um:

„Die Menschen sind auf Erden, um etwas weiterzugeben. Und ich gebe Ihnen dieses Buch weiter. Wenn es in einem Stück laut vorgelesen wird, verwandelt sich eine, nur eine Holzpuppe zu einem wahrhaftigen Menschen. Aber Vorsicht! Auf das Buch muss gut geachtet werden. Ohne das Buch stirbt der verwandelte Mensch bald."

Henry ging die Wahrheit auf, wie ein leuchtendes, im Dunkeln angeschaltetes Licht. Er begriff, warum der Herr damals krank war. Er war eine Holzpuppe, die sich zu einem Menschen verwandelt hatte und er brauchte das Buch, um weiterleben zu können. Henry saß an seinem Küchentisch und legte die Karte zur Seite. Mit behänden Fingern wickelte er das Buch aus dem Pergament. Er versuchte die Fassung zu bewahren, als er die Aufschrift die Welt der Farben las. Es war ein herrlicher Augenblick. So viele Jahre waren vergangen, als er dieses Buch das letzte Mal in den Händen hielt. Er drückte es fest an sein Herz. Nun war es in seinem Besitz, worauf er mächtig stolz war. Seine Augen blitzten vor Aufregung. Es war für seine Marionette Basira und für niemand anderen. Schnell holte er Basira aus der Truhe hervor und fing an zu lesen. Getragen von dem Gedanken, seine Marionette zum Leben zu erwecken, las er stundenlang aus dem kostbaren Buch. Die Worte, die er sprach, verbanden sich zu bedeutungsvollen Sätzen. Die Zeit eilte dahin. Trotz der nächtlichen Stunden traute er sich nicht eine einzige Pause einzulegen, bis auch das letzte Wort laut gesprochen war. Von Zeit zu Zeit trank er einen Schluck Wasser, um ein Kratzen im Hals und ein Nachlassen seiner Stimme zu verhindern. Als das Wunder nun geschehen war und Basira als leibhaftiger Mensch vor ihm stand, füllten sich Henrys Augen mit Tränen. Er nahm seine Brille von der Nase und schloss vorsichtig das Buch. Dabei blieb sein Blick auf Basira gerichtet. Es war ein herzergreifender Anblick. Der dunkelhäutige Junge stand im Mondlicht am Fenster und sagte lächelnd: „Nun beginnt mein Leben."

· Darline Wipp ·

Ein Kinderlachen bringt uns Glück –
leuchtende Freude ins Herz zurück.

Ein Kinderlachen aus BonBon-Mund –
schönstes Kichern, Lebensgrund.

Kinderlachen hier und da,
sternüberstrahlt und wunderbar.

Hände, die halten

· Silke Burchartz ·

Bist so klein
so zart, so weich
und was du brauchst
sind:
Hände, die halten

Wächst heran
lernst täglich mehr
und was du brauchst
sind:
Hände, die halten

Wirst enttäuscht
lebst deine Welt
und was du brauchst
sind:
Hände, die halten

Lernst Liebe kennen
lernst Glück erleben
und was du gibst
sind:
Hände, die halten

Wunderkind

· Lena Gottfriedsen ·

Noch so klein
der süße Clown
du schaust ihm zu
oft stundenlang
und guckst
und staunst
was er schon kann
der kleine Kopf
denkt schon so viel
versteht genau
lernt immerzu
es ist ein Wunderkind
denkst du
und schaust ihm wieder
Stunden zu

Auf dem Stoppelfeld

· Hannelore Furch ·

Ich ging, denn dies erbat mein Kind,
mit ihm und seinem Drachen
ins Feld, um zu entfachen
die Heiterkeit von ihm und mir,
der Drachen stieg vorzüglich hier.

Gleich diesem wuchs bei mir geschwind
der Drang herumzuspringen,
auch kam die Lust zum Singen,
ich ließ mich gern verleiten
zu diesen Albernheiten,

bis tanzend hoch im Wechselwind
der Drachen plötzlich drehte,
die Schnur mich niedermähte.
Das Kind, wer kann dies rügen,
es quietschte vor Vergnügen.

Ich wünschte, ich könnte...
· Susann Kraft ·

Wie ein Kind die Dinge lieben,
ganz entspannt ein Sandkorn sieben.

Einzig den Moment ergreifen,
hören, wie die Äpfel reifen.

Mit dem Wind den Alltag reiten
ohne Geld und Eitelkeiten.

Dann am Abend selig träumen,
unentdeckte Welten schäumen.

Wunder über Wunder staunen,
Sternen einen Wunsch zuraunen.

Und am Morgen zu erwachen
wie ein Kind: mit einem Lachen!

Lilly ist anders.
· Christine Neumeyer ·

Lilly trägt Kleider mit schwarzen Tupfen auf gelbem Grund, dazu riesige Rosen aus lila Papier in dünnen Zöpfen und schwarze Strümpfe aus Spitze mit Schuhen aus weißem Lack.
Lilly tanzt für ihr Leben gerne Reigen, und singt mit kräftiger Stimme, einzig die Nachbarn unter uns finden ihren Gesang nicht so toll.
Sie spielt Theater, am liebsten Königin mit goldener Krone auf dem Haupt.
Lilly hat viele Freunde, kein Wunder, da sie den ganzen Tag über lacht.
Ihr Gesicht ist rund, der Hals kurz, wie die Beine, ihre rosa Wangen spiegeln pralle Lebenslust.
Lilly ist ein Kind, das nie erwachsen wird.
Lilly ist anders.
Vater Zufall hat ihr ein Chromosom zu viel geschenkt.
Lilly ist schön.

Kinderjubel
oder Wanderer zwischen den Welten

· Michael Pilath ·

Jubelnde Kinder im Straßenstaub
fröhlich lärmend
erwartungsvoll blickend
rosige Haut auf der linken
aschfahles Gesicht auf der rechten
den Apfel in der Hand
jubelnde Kinder im Straßenstaub
so zog er heran
zerbombte Straßen, Häuser
zerstörte Hoffnungen
entwurzelte Kinderträume
sein Weg emotionslos, marodierend
jubelnde Kinder sterben im Straßenstaub
Schärfe silberner Klingen
spiegeln tote Kinder
in den Armen ihrer Väter
Mütter weinen um Söhne und Töchter
Sonne wendet sich ab
von schwarzer Erde
voll trockenem schwarzroten Blut
rosige Haut auf der linken
aschfahl auf der rechten
der Apfel in der Hand
ließ Kinder jubeln
verhieß kraftvolles, sicheres Leben
wann wird es je neues Kinderlachen geben…

Rohdiamant

· Hans-Georg Wigge ·

Deine Augen blitzen, strahlen,
deine Hände reden mit,
sprudelst ohne Punkt und Komma,
kommentierst ganz ohne Schnitt.
Kleiner Zwerg, ich hör dich gerne,
deine Welt ist wunderbar,
alle Wunder dieser Erde
machst du mir tagtäglich klar.
Seit du da bist, ist mein Leben
voller Sinn und bergseetief,
manchmal scheint es, dass ich vor dir,
wie der Bär im Winter schlief.
Doch dann kamst du in mein Leben,
welch ein Glück, ich danke dir,
täglich darf ich für dich sorgen,
Reichtum schenkst du mir dafür.
Wo ich schaue, was ich öffne,
Bilder voller Farbenpracht
und aus jeder kleinen Ritze,
Lebensfreude, die laut lacht.
Lass mich dich ganz feste drücken,
denn wie schnell bist du schon weg,
Komm, wir wollen Unsinn machen
ohne Sinn und jeden Zweck.

Kind sein

· Rena Paperell ·

essen, wenn man hungrig ist
trinken, wenn man durstig ist
schlafen, wenn man müde ist

lachen, wenn man fröhlich ist
weinen, wenn man traurig ist
schreien, wenn man wütend ist
schimpfen, wenn man böse ist

schweigen, wenn man nicht reden möchte
sprechen, wenn man etwas zu sagen hat
zustimmen, wenn man etwas gut findet
ablehnen, wenn man etwas nicht möchte

kuscheln, wenn man Nähe braucht
umarmen, wenn man jemanden mag
weggehen, wenn man Abstand braucht

das tun wonach einem ist – Kind sein

Lottes Suche nach dem Lachen
· Barbara Bellschaus ·

Lotte saß in der zweiten Reihe im Klassenzimmer neben ihrer besten Freundin Anne. Seit vier Wochen gingen sie zusammen in die erste Klasse. Als sie heute die Schritte des Lehrers auf dem Gang hallen hörte, spürte sie, dass heute etwas Besonderes passieren würde. Und wirklich, als der Lehrer das Klassenzimmer betrat, folgte ihm ein Junge in ihrem Alter. „Das ist Peter", erklärte der Lehrer der Klasse. „Er ist neu mit seinen Eltern in die Stadt gezogen und wird ab heute euer Klassenkamerad sein." Peter betrachtete die Klasse ernst, bevor er sich in die hinterste Bank auf einen freien Platz setzte. Lotte fiel auf, dass Peter nicht lachte. Auch in der Pause, als sich die Kinder neugierig um ihn scharrten, blieb sein Mund ein schmaler Strich. Lotte beobachtete Peter die nächsten Wochen und ihr Verdacht erhärtet sich. Peter hatte sein Lachen verloren. Sie erzählte ihrer Mutter von dem neuen Mitschüler, doch diese wusste auch nicht, wo Peters Lachen war. Lotte beschloss Peters Lachen wiederzufinden. An einem Samstag schlenderte sie mit ihrem Vater durch die Stadt und blieb nachdenklich vor einem Bonbonstand stehen. Neben den bunten Süßigkeiten stand ein Schild auf dem ein lachender Jungen und ein Mädchen zu sehen waren. Sie bat ihren Vater, ihr den Text auf dem Schild vorzulesen. „Glücksbonbons, zaubern auf jedes Gesicht ein Lachen", las dieser laut vor. Da kam Lotte eine Idee. Sie kaufte von ihrem Taschengeld eine Packung Glücksbonbons und legte sie auf Peters Pult, als sie am Montag wieder in der Schule war. In der großen Pause kam Peter zu Lotte. Scheu fragte er, ob die Bonbons von ihr waren. „Ja", erwiderte sie grinsend. „Das sind Glücksbonbons, die bringen dir dein Lachen zurück." Peter schaute sie zweifelnd an. „Meinst du das funktioniert?" Lotte nickte überzeugt. „Komm' wir essen zusammen eines!" Sie griff in die Tüte und steckte sich ein Bonbon in den Mund. Da langte auch Peter zu. Gemeinsam lutschten sie die Bonbons. Als die Glocke das Ende der Pause ankündigte, fragte Peter: „Sind wir jetzt Freunde? Die Bonbons waren wirklich toll." Jetzt war Lotte ernst und nickte ganz fest. Da geschah es. Ganz plötzlich und unerwartet zeigte sich auf Peters Gesicht ein fröhliches Lächeln. Lotte und Peter wurden unzertrennlich und kein Tag verging mehr, an dem Peter nicht lachte.

Kleine Kinderhand
· Werner Tiltz ·

Deine kleine Kinderhand
erhascht sogar den Mond,
weil tief in deinem Herzen
noch reine Unschuld wohnt.

Mit großen Kulleraugen
erforscht du deine Welt,
bis dich vor lauter Staunen
das Träumen überfällt.

Dann kippen wie von selber
die Äugelchen dir zu,
bis du nach einer Weile
genug hast von der Ruh.

Du weinst nach deiner Mama –
komm, lass mich nicht allein.
Sie wiegt dich in den Armen,
singt dir ein Liedchen fein.

oder wie mein Enkel kam ✝
· Christina Udwari ·

Ein Pünktchen geht auf die Reise
und wird von keinem bemerkt,
schleicht ein sich auf seltsame Weise,
wird langsam vom Pünktchen zum Zwerg.

Lieb' Pünktchen ist ganz fest entschlossen
den Weg in das Leben zu geh'n.
Dort draußen glaubt man noch an Possen
und will es und kann es nicht seh'n.

Das Pünktchen gluckert und lächelt,
ist ganz sicher in seinem Raum,
wo noch kein Windhauch es fächelt
- und draußen formiert sich ein Traum...

Da, endlich – die Welt hat begriffen!
Das Pünktchen ist nun ein Zwerg.
Nun ist nichts mehr zu umschiffen,
das Gröbste ist über den Berg.

Jetzt freuen sich alle, begrüßen
und klatschen und sind einfach froh.
Es will doch das Leben versüßen –
und manchmal macht man das so.

Das Schönste jedoch für das Pünktchen:
Es weiß nun, es ist nicht allein.
Es spürt dieses wärmende Fünkchen:
Da werden die Eltern nun sein!

Sie schwimmen im Strome der Liebe,
im Glück. Und die Freude gibt Mut.
Und ihm deucht, dass es immer so bliebe
und alles, alles wird gut.

Ein Schlaf-Gedicht

· Udo Brückmann ·

Schlummer hinfort in süße Gefilde,
Finde dich wieder im Zaubergebilde,
Geführt an der Hand durch Elfenverwandlung,
Es gibt keine Grenzen, der Schlaf ist die Handlung.

Schwebe den Lichtern der Freude entgegen,
Verfolge den goldenen Sternschnuppen-Regen,
Der dich verzaubert im wohligen Frieden,
Die Nacht und die Sterne werden dich lieben.

Kapitel 2
Kinderblick

Dingefinderkinder

· Jörg Krüger ·

Dingefinderkinder sind die wilden Kleinen,
die mit großen Augen staunend durch die Welt spazieren.
Verzückt und ganz mit sich im Reinen
können sie sich in große Kleinigkeiten ganz verlieren.

Dann stehen sie, als wären sie auf einem anderen Planeten,
eine wundersame feengleiche Aura umgibt die Gegenwart.
Still verharrend, wie in ungesprochenen Gebeten,
staunen sie über einen bunten Kiesel auf dem Pfad.

Manchmal, wenn du den Dingefinderkindern nahe bist,
wirst du mit einbezogen in ihr zeitloses Gewahrsein.
Du tauchst in ihre Welt ein, die so anders ist,
nimmst Teil an ihrem seelenvollen Dasein.

Dann glänzt auch dir in jedem Kiesel eine ganze Welt,
ein ganzes Weltall gar, ein Orbit ohne Worte.
Es ist, als ob ein großer Engel dich in seinen Händen hält,
der dich vertraut mit einbezieht in unbekannte Orte.

Da springt in diese Anderswelt ein Kaninchen querfeldein.
Von einem Augenblick zum andern vergisst das Kind den
[Kieselstein,
und dann geht's sturzbeglückt und lachend dem
[Kaninchen hinterdrein.
Wie aus einem Traume aufgewacht, stimmst du in dieses
[Lachen ein.

Vor dem großen Haus

· Xenia D. Cosmann ·

Die Gasleute buddeln die Straße auf.
Der Bürgersteig bekommt Gebirge.
Die Kinder spielen Hindernislauf
Und Schneewittchen und die sieben Zwerge.
Der siebente Berg ist leider schon weg,
Die Rohre verlegt, der Graben zu.
Bald ist auf dem Pflaster nur noch Dreck.
Da spielen sie eben Blindekuh.

Ohne dich will ich nicht schlafen

· Karin Hufnagel ·

In dem Haus Nummero Sieben
auf dem Speicher unterm Dach
liegt im Dunkeln schon seit gestern,
Paul, der Bär im Wäschefach.

Er ist ängstlich und ganz traurig,
wischt die Tränen vom Gesicht,
Teddybären, die sind tapfer,
Teddybären weinen nicht.

Denn am Abend sagte Kläuschen
zu dem kleinen Schmusebär,
dass er nun schon zu erwachsen
für ein Kuscheltierchen wär'.

„Bin nicht mehr dein kleines Kläuschen,
bin schon acht und heiße Klaus,
Schmusebärn im Bett sind peinlich,
deshalb musst du jetzt hier raus."

Und er brachte ihn am Morgen
auf den Speicher unterm Dach
und da liegt er jetzt im Dunkeln
ganz allein im Wäschefach.

Sind es Tage, Wochen, Jahre?
Paul, der Bär weiß es nicht mehr,
er fühlt nur das schlimme Sehnen,
denn das Kläuschen fehlt ihm sehr.

Ist da nicht ein leises Weinen?
Plötzlich wird's im Schrank taghell,
Bärchen blinzelt mit den Augen,
alles geht dann rasend schnell.

Er sieht nur die vielen Tränen,
spürt die Nässe im Gesicht
hört sein Kläuschen leise schluchzen
„ohne dich da schlaf ich nicht."

Was sich anfühlte wie Jahre
war nicht länger als ein Tag
und der Klaus weiß, dass er ohne
Bär einfach nicht schlafen mag.

Benni und das Kängumobil

· Luitgard Kasper-Merbach ·

„Benni! Komm, Teller abräumen!" Die Stimme der Mutter klingt verärgert. „Nicht trödeln, Benni. Los …!"
Aber Benni hört sie kaum, denn er startet gerade sein Kängumobil. „Brmm, brmm", macht es und schon ist es auf und kängu weg. Es knattert und zischt, hüpft wie ein Känguru und fliegt – mir nichts, dir nichts, weit, weit fort. Weit über dem Kopf der schimpfenden Mama, weit über allen Tellern der Welt.

„Ein Kängumobil ist doch die coolste Sache der Welt", flüstert Benni. Und dazu hat er eines, das nur er sehen kann. Vor dem Schlafengehen parkt es dann immer vor seinem Bett und gibt ihm einen dicken Gutenacht-Kuß auf die Kängumobilschnauze.
Und immer, wenn ihn jemanden ärgern oder schimpfen will, schnappt Benni sein Kängumobil, setzt sich hinein und ist schon auf und davon.
„Wovon träumst du denn schon wieder, Benni?", fragt sein Vater und streichelt Benni über den Kopf.
„Ich träume nicht, Papa", erwidert Benni, „ich muss nach meinem Kängumobil schauen!"
„Nach was?", fragt der Papa verwundert.
„Nichts, nichts!", erwidert Benni, „das verstehst du nicht!"

Benni wedelt mit seinen Händen in der Luft herum und sagt zufrieden: „So jetzt bist du wieder sauber! Dann kann es ja bald wieder losgehen!"
Und dann macht Benni „Brmm", „brmm", setzt sich hinein und fliegt davon.

Am anderen Morgen sitzt Benni auf dem Boden und spielt mit seinem Kängumobil. „Beeeeeeeeeeeennnnnnnnnnniiiiiiiiiiiiiiiii", ruft die Mutter, „bringe mir bitte deine schmutzigen Socken!"
Aber Benni hört sie nicht, er startet sein Kängumobil und fliegt über den Kopf der Mutter hinaus in die weite Welt.
„Na warte", sagt die Mutter und schmunzelt.

Als sich Benni hungrig an den Tisch setzt, gibt es keinen Nachtisch mehr.
„Wo ist denn der Schokoladenpudding?", fragt Benni. Die Mutter zeigt auf die leere Schüssel und sagt: „Benni, Du bist ja nie da, wenn ich dich rufe. Und da haben Papa und ich die Schüssel alleine aufgegessen!"
„Ja", nickt der Papa, „Der Pudding war sehr sehr lecker!"
„Das ist gemein", mault Benni, „ich war doch unterwegs!"
„Oh, das tut mir leid", erwidert die Mutter und kann das Schmunzeln nicht verkneifen, „dann hast du bestimmt auch schon etwas gegessen!"
„Nein", ruft Benni, „so etwas gibt es in meinem Kän-

gumobil doch nicht!"

„Verstehe", sagt die Mutter, „aber wie können wir dich da erreichen?"

„Hm", überlegt Benni, „ich kann ja mein Kängumobil auch mal parken und dann ..."

„Dann kannst du wohl immer kommen, wenn es Schokopudding gibt", erwidert die Mutter, „aber das geht nicht!"

„Wieso nicht?", fragt Benni.

„Weil du ja dann nur zu erreichen bist, wenn es für dich etwas Schönes gibt", sagt die Mutter, „und was ist, wenn du mir etwas helfen sollst?"

„Hm, das höre ich so schlecht in meinem Kängumobil", grinst Benni, „aber ich kann ja gleich einen Lautsprecher einbauen!"

Gesagt, getan.

Und tatsächlich hört Benni nun immer, wenn es Schokopudding gibt und manchmal auch, wenn er etwas helfen soll.

Fragen und Antworten

· Margret Küllmar ·

Hannes, gerade mal vier Jahre jung,
hält seine Sippe gut in Schwung,
hat Phantasie und sehr viel Witz,
da kommt so mancher Geistesblitz.

Die Sofakissen interessieren ihn sehr,
er dreht sie um, rückt sie hin und her,
Oma fragt: „Was machst du da?"
„Das sind zwei Kälbchen und der Kuhpapa.

Die brauchen dringend was zu fressen,
das hat der Papa ganz vergessen",
erklärt Hannes und strahlt die Oma an,
die sich vor Lachen kaum noch halten kann.

Sie streicht behutsam über die Kissen,
„Wo ist ihre Mama?", will die Oma wissen,
auf eine Antwort muss sie nicht warten.
„Die ist zum Elterngespräch in den Kindergarten."

Zahnlückenlachen

· Christina Udwari ·

Zahnlückenlachen
Kaputte Spielsachen
Wirbelwindhaare
Überholspurjahre
Trotzige Zornfalten
Bitte im Arm festhalten
Allesalleinekönner
Keinemsonstetwasgönner
Albträumerchen
Badschäumerchen
Pure Abenteuerlust
Verbots- und Grenzenfrust
Weichhäutige Hartknochen
Aufstampfend vor Wut kochen
Kulleraugencharme
Honigmilch lauwarm
Ungeduldiges Weihnachtswarten
Kinderfeste, Geburtstagskarten
Streitsüchtige Geschwisterschrecken
Dann unter einer Decke stecken
Nächtlicher Fieberkrampf
Täglicher Einschlafkampf
Erzeuger von Elternliebe
Entwaffnende Herzensdiebe
Unerreicht herzlich lachend
Und in die Hose machend

Chronische Warumfrager
Notorische Neinsager
Spaghettivertilgungsexperten
Erhalter der Kindergärten
Unsinntreibende Zappelbesen
Schutzbedürftige Kleinstlebewesen
Lern- und wissbegierig
Marmeladenbrotschmierig
Nie mehr solche Freude empfindend
Angestrengt schnürsenkelbindend
Herzzerreissende Riesentränen
Immer ein neues Wunschtraumsehnen
Ehrlich und unverfroren
Überall Lauscherohren
Eingebaute Nervenraubgarantie
Marke „Meine Liebe verlierst du nie!"
Großwachsende Selbstquerdenker
Zuweilen Lebensinhaltschenker
Faszinierend ungebremstes Leben –
– K i n d e r eben

aus einem dachfenster

· Michael Starcke ·

aus einem dachfenster lugend
noch einmal kind sein,
die gewellten dachpfannen zählen
wie wogen.

durch den garten streifen,
hinterm walnussbaum versteckt
ein trauriger ritter sein
mit hinkendem bein,
unbehindert und frei.

den vater reden hören
von mond und sternen,
während er rosen schneidet
für den abend.

die ausgedachten geschichten
verschweigen,
die geschenkte liebe anerkennen,
um die später gekämpft werden muss,
ohne die welt
einen deut zu verbessern.

das rot eines mohnfeldes
für das glanzvollste halten
im empfindlichen kindlichen licht
mit blick auf kommende ereignisse,
ohne sie zu erahnen.

Kinderaugen

· Elsa Rieger ·

Mit Kinderaugen sehen
Abenteuerbunt
Raumerforschen
Teppicharabesken
Alibabas Sesam fantasieren

Räum deinen Plunder auf!

Mit Kindermündern schmecken
Bratapfelsüße
Himmelshochgefühl
Zitronenlecken
Brausepulverknistern kribbelig

Iss deinen Spinat!

Mit Kindernasen schnuppern
Schneegestöberhauch
Salzerfüllte Meeresluft
Sommerregen
Knatterfrischer Frühlingswind

Mach deine Hausaufgaben!

Mit Kinderohren lauschen
Vogeloperette
Stumpfes Wiederkäu'n
Donnerkrachen
Waldesrauschen Felderlied

Hose zerrissen, Hausarrest!

Mit Kinderhänden tasten
Teddybärenplüsch
Raue Papawange
Mamas Seidenhaar
Ponynüsternsamt gespürt

Wasch deine Dreckhände!

Mit Kinderherzen fühlen
Schmuseliebeaufgetankt
Neugierig
Sich ins Leben werfen
Überall zu Hause sein

Mach schon, geh!

Yvonne im Märchenland

· Dietmar Ostwald ·

Yvonne hat sich von der Hand ihrer Mutter losgerissen, ist vorgelaufen und wartet jetzt ungeduldig vor der gläsernen Tür. „Mama", ruft sie, „komm schnell!" Sie springt in die Höhe und klatscht dabei in ihre Hände. Beim Betreten der Blumenhalle fasst sie wieder die Hand ihrer Mutter an. Beide bleiben für einen Augenblick fasziniert stehen. Der Anblick der Blumen, die in vielfältigen, kräftigen Farbabstufungen und bizarren Schönheiten, in die einzelnen Beete gepflanzt worden sind, überwältigen sie. Der betörende Duft, der ihnen entgegenschlägt, beruhigt Yvonne nur für einen kleinen Moment. Dann hüpft sie lachend in die Höhe, dabei fliegen ihre Zöpfe hin und her, sodass sie die ermahnenden Worte ihrer Mutter nicht mehr hört. Sie bückt sich, riecht an der einen Blume, ist entzückt, läuft zu der anderen, riecht und staunt. Schnell fasst sie in ihre Jackentasche und holt einen kleinen Bär heraus. Zärtlich streicht sie ihm über den Kopf. „Schau Brummi, die Blumen haben große Gesichter. Sie schauen mich an. Hörst du! Sie wollen mit etwas sagen. Sei doch bitte leise! Brummi, ich versteh doch sonst nichts!"
Mit großen leuchtenden Augen geht sie durch die Reihen der Blumenbeete. In der Hand hält sie ihren kleinen Teddy. An einem Beet beugt sie sich nieder.

„Yvonne komm doch endlich, wir haben keine Zeit!"
„Mama, warum denn?", fragt sie. „Es ist doch so schön hier! Außerdem wollte mir die große rote Blume etwas erzählen!"
„So ein Blödsinn, Yvonne. Ich habe dir schon hundertmal gesagt, du sollst nicht vor dich hinträumen. Pass lieber auf, wo du hinläufst!" Ärgerlich nimmt sie Yvonne an die Hand und zieht sie weg. Den Tränen nahe geht Yvonne widerwillig mit.
Meine Mama hat mir nicht geglaubt, denkt sie. Dabei verzieht sie ihr Gesicht zu einer Grimasse. Und doch wollte mir die rote Blume eine Geschichte erzählen. Sie blickt auf ihren Teddy.
„Du weißt doch", flüstert sie, „ich träume nicht! Niemand will mir glauben."
Mit sehnsüchtigem Blick verlässt sie an der Hand ihrer Mutter die Blumenausstellung.
„Ach Frau Müller, ist ihre Tochter aber groß geworden. Ich habe sie schon lange nicht mehr gesehen."
Mit der bösen Hexe spricht meine Mama. Für mich hat sie keine Zeit! Dieser Gedanke schießt ihr durch den Kopf, als sie sich geschickt von ihrer Mutter löst. Im Eingang des Supermarktes bleibt sie einen Augenblick stehen. Ohne sich umzudrehen, marschiert sie zielstrebig auf die Süßwaren zu.
„Nun Brummi, habe ich dir nicht versprochen, dass hier das große Schlaraffenland ist!"
Mit einem Lächeln marschiert sie durch die bunten Regale voller guter, süßer Sachen. In ihren Augen be-

ginnt es zu leuchten.

„Brummi, das haben sie extra für uns Kinder gemacht. Schau doch, die vielen bunten Bonbons! Ich weiß Brummi, ich soll keine Tüte aufmachen. Aber wir sind doch im Schlaraffenland! Weißt du nicht mehr, da kann man doch alles essen. Und wenn ich nur ein Bonbon nehme, ist das bestimmt nicht schlimm. Es sind doch so viele Tüten da!" „Was haben wir da für ein kleines Fräulein, das heimlich die Tüte öffnet. Weißt du nicht, dass man dies nicht darf?"

Erschrocken dreht Yvonne sich um und schaut in ein freundlich, strenges Gesicht.

„Ich spreche nicht mit dem bösen Zauberer. Geh fort und verzaubere mich nicht! Sicherlich weißt du nicht, dass wir im Schlaraffenland sind! Du bist böse!"

„S…o, im Schlaraffenland bist du!" Er lächelt, nimmt die Tüte und fragt: „Hat das Kind im Schlaraffenland auch einen Namen?"

Von weiten kommt mit schnellen Schritten eine Frau auf das Kind zu. „Yvonne, ich habe dich schon überall gesucht!"

Noch außer Atem sieht sie, dass ihr Kind eine Tüte Bonbons geöffnet hat. „Habe ich dir nicht schon hundertmal gesagt, du sollst nicht an die Süßigkeiten gehen!"

Ein kleiner Klaps auf ihren Po folgt den Worten.

„Aber Mama, ich war doch im Schlaraffenland, und Brummi sagte zu mir, es wäre nicht schlimm ein Bonbon aus der Tüte zu nehmen, es sind so viele hier."

Die Mutter schüttelt ihren Kopf, seufzt, richtet ihren Blick zu dem Mann und spricht: „Dieses Kind...!"

Sternenkind
· Susann Kraft ·

Ein kleiner Stern erblickte heute
das Licht der Welt. Wie er sich freute!!!
Und hüpfte also gleich nach oben
zum höchsten Punkt am Himmel droben.

Dort turnte er ein volles Stündchen,
dann plötzlich gähnte laut sein Mündchen.
Das Sternlein schlief schon fast im Steh'n,
zum Glück war's Zeit zum Untergeh'n...

Lange her

· Inge Millich ·

Kinderlachen, Unsinn machen,
Schabernack, Huckepack,
Gummitwisten, Schatz in Kisten,
Lego bauen, Äpfel klauen,
Cowboy mit dem Lasso-Seil,
Bäume klettern – hoch und steil,
Räuber spielen und Gendarm,
Zauberer und Bettelmann,
Himmel und Hölle,
Meister und Geselle,
Ringelreigen, Teekesselchen,
Reise nach Jerusalem,
Eins - zwei - drei und raus bist Du,
mit verbundenen Augen „Blindekuh";
Alle Kinder dieser Welt,
egal ob arm, ob reich,
gemeinsam haben sie gespielt,
überall auch immer gleich.
Wo sind diese Kinder nur?
Wo sind ihre Spiele?
Sind Erwachsene und stur,
nutzlos ihre Ziele.

Zapp-Zerapp der Zauberer
· Saskia Nagy ·

Zapp-Zerapp wünscht sich so sehr,
das Aufstehn' fiele ihm nicht schwer.
Drum hat er sich was ausgedacht,
was ihm das Leben leichter macht.

Zapp-Zerapp zaubert sodann,
einen großen stolzen Hahn.
Ach, wie schön der krähen kann,
die Ohren schmerzen jedermann!

Zapp-Zerapp macht's schlechte Laune,
drum hört man hinter Bauer's Zaune
die Hühner gackern laut und stet,
ein zweiter Hahn kreuzt ihren Weg!

Zapp-Zerapp am Kopf sich kratzt,
die letzte Chance hat er verpatzt.
Einen Zauber sprach er aus,
da nahm das Unglück seinen Lauf.

Als Zapp-Zerapp im Bette schlief,
da ging sein Plan ganz kräftig schief.
Sein Igel will ihn nämlich wecken.
Das piekt, oh weh, merkt er mit Schrecken!

Für den Igel war's ein Glück,
er konnte in den Wald zurück.
Und alle Kinder staunten sehr,
ein bunter Igel kam daher!

Morgenmuffel Zapp-Zerapp
war vom Zaubern ziemlich platt.
Da fand er eine Erbse, klein,
sagt: „Du sollst nun mein Wecker sein!"

Vishana und Mieze Katze

· Anant Kumar ·

Mieze Katze! Mieze Katze!
Komm her! Komm her! Komm her!

Mieze Katze! Mieze Katze!
Lauf! Lauf! Lauf!

Lauf zur Mama!
Lauf zum Tisch!

Mama hat die Milch!
Auf dem Tisch steht die Milch!

Mieze Katze! Mieze Katze!
Lauf! Lauf! Lauf!

Lauf zur Mama!
Lauf zum Tisch!

Mama hat die Milch!
Auf dem Tisch steht die Milch!

Lauf! Lauf! Lauf!

Was backen die Kinder?

· Holger Leisering ·

Fünf Blumenfengel
Mümpfelquack

Fünf Stummenrengel
Hollerrab

Fünf Hollerraben
Mümpfelschlumm

Schlockt übern Spielplatz
anders rum

Zur Nacht

· Irene Daecke-Kamischke ·

Wenn kleine Kinder schlafen geh'n
flüstern der Mond und die Bäume
zwinkert der Wind im Vorüberweh'n
webt Fantasie ihre Träume

schau'n durch's Fenster Nebel hinein
lächelt ein Licht durch das Dunkel
winkt noch ein letzter Erinnerungsschein –
dann wacht das Sternengefunkel

Kinderaugen, helles Lachen

· Diana Stein ·

Kinderaugen, helles Lachen,
Cowboy spielen, Faxen machen,
Klingelstreich am Nachbarhaus,
Gummihopse mit dem Klaus...

Barbie spielen mit Annette
Schneemannbauen um die Wette,
Gänseblümchen ins Haar binden
und die schönste Schnecke finden...

Hoch hinauf auf Bäume klettern,
„Eltern spielen" mit den Vettern,
die Babypuppe auch mal waschen,
Marshmallows aus Tüten naschen...

Mit Vatern um die Wette laufen,
Eis für Taschengeld einkaufen,
im See um die Wette schwimmen
und den höchsten Berg erklimmen...

Noggel

· Markus Zimmermeier & Rebekka Grünitz ·

Liebe Kinder, kennt ihr schon das Noggeltier?
Wer es kennt, der ruft schnell „Hier!".

Nein, ich höre nichts, nur stummes Schweigen.
Dann muss ich euch das Tier wohl zeigen.

Also folgt mir in den wilden Garten!
Dort wird der Noggel auf uns warten.

Manchmal liegt er nah der Mauer
mit großen Augen auf der Lauer.

Das Tier besitzt die Größe einer Maus.
Sein krauses Fell sieht struppig aus.

Grünlich sind der Rücken und der Bauch.
Die vier kurzen Beine sind es auch.

Der eine Unterschied zum grünen Gras:
ein weißer Punkt auf seiner spitzen Nas'.

Lasst uns zu ihm und ihn höflich fragen,
welche Beute er und seine Freunde jagen.

Die Antwort lässt nicht lange auf sich warten:
„Ich fresse alle Krabbeltiere hier im Garten."

„Frisst du auch mal Kohl oder Tomate?
Steh'n die auch auf deiner Speisekarte?"

„Natürlich! Klar! Es wäre glatt gelogen,
würd' man sagen, Noggel frisst nicht ausgewogen."

Ich seh' ein Kind, das etwas fragen will.
Komm ruhig näher! Bleib nicht still!

„Aus welchem Grunde ist die spitze Nase weiß?"
„Weil ich manchmal in den weißen Hasen beiß'!"

„Was hat das arme Tier dir denn getan?"
„Nichts. Nur leid' ich an Verfolgungswahn."

Wollt ihr noch mehr wissen über Noggel?
Dann geht und fragt doch besser Goggle!

Denn eines weiß man ganz gewiss:
Sehr schmerzhaft ist ein Noggelbiss.

Des Nachts.

· Patrick Hattenberg ·

Erwache in Unendlichkeiten.
Im Herz die Freiheit, frei zu sein.
Und Nachtes Schwarz an allen Orten,
wo nicht der Mond- und Sternenschein.

So nimm der Sterne schimmernd Staube
und atme tief im grellen Licht.
Entkomme Tages Langeweile
in einer neuen Wunderschicht.

Und tauche tief in Nachtes Bächen,
verliere dich am Meeresgrund.
Verstecke dich vorm Tageslicht.
Im Sternenschein. Im Wasserschlund.

Der Bauch zum Rand mit Nachtes Bächen,
die Lunge voll mit Sternenstaub.
Vom wunderbaren Irrealen
ist jeder Kindertraum erbaut.

Kapitel 3
Kindheit

Erinnern

· Annette Gonserowski ·

Erinnern
der endlosen Sommer,
der nie endenden Stunden,
der unendlichen Zeit.

Lebendig
die Zwerge im Baumstamm,
die Bambies im Wald,
die Märchen in heimlichen Hütten im Dornbusch.

Nicht vergessen
die schützenden Arme der Mutter,
die wärmende Stimme des Vaters,
die tiefe Geborgenheit.

Das Mädchen im Garten

· Yvonne Bedarf ·

Lissy sitzt auf der weißen Bank im Garten. Die Sonne strahlt golden durch das volle Blätterdach, das den Garten umrahmt, und wärmt die helle Kinderhaut. Lissys kleine Beine baumeln in der Luft, während sie mit großen Augen die bunte und von Zauber erfüllte Welt bestaunt.
Voller Neugierde und Spannung springt sie von der Bank und spürt das weiche Gras unter ihren Füßen. Sie lacht und streicht sich die Locken beiseite, die der Wind ihr in das Gesicht geweht hat. Langsam setzt sie einen Fuß vor den Anderen. Einzelne, von Moos bewachsene Steine schlängeln sich einen Weg zwischen prächtig blühenden Pflanzen. Lissy springt von Stein zu Stein. Der ganze Garten summt von prallem Leben. Schmetterlinge mit seidenpapierdünnen Flügeln flattern in zahlreichen Farben und Formen. Wie kleine Elfen scheinen sie mit Lissy zu sprechen und weisen ihr den richtigen Weg durch diesen geheimnisvollen Ort. Wild umschwirren sie ihren Kopf und Lissy lacht und kreischt vor Freude. Noch einen Sprung, dann hat sie es geschafft. Sie ist wieder an der weißen Bank angekommen. Plötzlich hört sie aus weiter Ferne ein Rufen. „Liesbeth, Liesbeth, hörst du mich", verlangt die Stimme nach ihr. Lissy dreht den Kopf, aber sie

kann niemanden erkennen. Sie schließt die Augen und konzentriert sich auf die Stimme, die nach ihr ruft.

„Oma, Oma Liesbeth, hörst du mich?" Clara legt sanft den Arm auf die Schulter ihrer Großmutter. „Ich glaube, sie bemerkt gar nicht, dass wir sie hierher zurückgebracht haben", sagt sie zu ihrem Mann Tom gewandt. „Ihren Eltern gehörte früher dieses Grundstück. Damals stand da hinten noch ein Haus. Das haben sie leider schon vor langer Zeit abgerissen. Nur der Garten ist geblieben. Aber er ist ziemlich verwildert. Vielleicht erkennt sie ihn ja gar nicht wieder."
„Es war trotzdem eine tolle Idee, sie hierher zu bringen. Sie hat das bestimmt gespürt", erwidert Tom. „Aber wir sollten jetzt wieder los. Wir müssen sie bis fünf Uhr zurückgebracht haben."
„Ja, du hast recht." Vorsichtig bückt sich Clara zu ihrer auf der kleinen ergrauten Bank sitzenden Großmutter. „Oh, sieh nur Tom!" Auch Tom bückt sich nun und erstarrt. „Das gibt es doch nicht." Beide blicken auf das Gesicht der alten Frau und sehen, dass sie lächelt. Lissys Augen leuchten und sie beginnt, lauthals zu lachen. Das ehrliche, unbefangene Lachen eines Kindes.

· Jörg Krüger ·

Es liegt an einem „n" weniger oder mehr,
Ob du „Traurige" oder „Trauringe" liest.
Oft kommt es von innen her,
Ob du die Welt traurig oder glücklich siehst.

An manchen Tagen sind die Bürgersteige
Voller Haufen Hundekacke.
Erste Blüten spiel'n die zweite Geige.
Du fühlst nur deine Zahnwehbacke.

Der Himmel reicht feucht und grau bis an die Erde.
Es gibt Tage, die für gar nichts taugen.
Du fluchst leise: „Merde!" „Merde!"
Doch mit einem Mal schaust du in Kinderaugen.

An die Kindlichkeit

· Finn Lorenzen ·

„Leben ist ein schweres Stück",
Denke ich bei einem Wein.
Manchmal sehn' ich mich zurück,
Möchte wieder sieben sein.
„Wieder einmal ist's soweit",
Denke ich, für mich und still.
Packt mich doch der blanke Neid,
Weil ich jetzt nur eines will:
Einen Tag, vielleicht auch zwei
Mich zu fühlen wie ein Kind:
Freudig und so froh und frei
Wie es nur die Kinder sind.

Viele Wünsche hört man weit...
Nicht nur mich hat es gequält.
Sehnen nach der Kindlichkeit
Weil sie manchmal einfach fehlt,
Wird so oft so sehr vermisst,
Doch der Dichter weilt und schreibt:
Wer die Wonne nicht vergisst,
Und im Herzen kindlich bleibt,
Möge einen schweren Tag –
Schwärzer als die schwarze Pest –
Auch wenn er's nicht glauben mag,
Leichter nehmen als der Rest.

· Heidemarie Andrea Sattler ·

Schließe die Augen
und fühle dich zurück.

Tanze zwischen Seifenblasen
und Brummkreiseln.

Hüpfe als gestreiftes Känguru
durch Weltraumabenteuer
und Indianerzelte.

Sternenstaub kitzelt die Nase
und der grüne Feuerdrache
schenkt Dir
sein Herz aus Gänseblümchen.

Ihr Lächeln öffnet Dir die Augen
und führt Dich zurück
in den magischen Zauberbann
aus Kindertagen.

In deinen Augen kann ich sehen

· Udo Brückmann ·

In deinen Augen kann ich sehen
Jene Zuversicht und Wärme,
Die ganze Welt ist zu verstehen,
In der Nähe, in der Ferne.

In deinen Augen kann ich sehen
All das Schöne, das du siehst,
All die Märchen, Elfen, Feen,
Und die Düfte, die du riechst.

In deinen Augen kann ich sehen,
Wie du Welten neu erfindest,
Und wie Wunder in Erfüllung gehen,
Wie du die Sonne mit dem Mond verbindest.

Mit deinen Augen kann ich sehen,
Was ich bei mir so oft vergesse…
Mit deinem Wind, da möcht' ich wehen,
Und ich schwöre, mich zu bessern!

In deinen Augen kann ich sehen.

Das stille Kind.

· Ben Kretlow ·

Du kannst dein Herz nicht täuschen
über die Dinge, die es scheut,
dann nämlich würde, inmitten von Geräuschen,
alles Schweigen stärker, das du bereust,
und kein Klang von dir innen
könnte je als dein Ausdruck beginnen,
den du aber wiederum so dringlich bräucht'st.
So aber wärs, dass du alleine nur
ganz verschwiegen in diesen Briefen bliebst,
deren Zeilen so vieles von dir berichten,
die aber sonst nie jemand liest.

· Dörte Müller ·

Eine abgeschnittene Locke,
eine selbstgestrickte Socke.
Zehn und zwanzig Pfennig,
ein Liebesbrief von Henning.
Ring aus Kaugummiautomaten,
kleiner, blauer Schlumpf mit Spaten.
Eine Postkarte aus Rom,
ein Magnet vom Kölner Dom.
Eine geheimnisvolle Feder,
ein kleiner Ball aus echtem Leder.
Ein Pixibuch,
ein Batiktuch,
ein Teddybär
und dann nichts mehr.

Meine Kindheit,
du ahnst es schon,
passt in einen Schuhkarton.

blaue berge

· Michael Starcke ·

wenn die kinder traurig waren,
kochte mutter ein hähnchen
und karneval war das reinste
kinderspiel
und goldene worte grinsten
mich an, und die hand auf dem
herzen schnellte aus keinem
automaten. manchmal saß ich
unter dem wollfädenbaum und
spann.

auf einem spaziergang durch
das neandertal nahm ich
chinesische kirschen mit,
und die frösche, die ich auf
den wegen traf, waren sie nicht
lebendiger als alle prinzen,
die ich an die wände warf
samt ihrem gehabe und den
vorurteilen aus dem märchen-
buch?

als ich an der hand meines
vaters das land des lächelns
verließ, lernte ich etwas
über systeme. dort war er fremd

und hier nicht länger er-
wünscht, obwohl er nicht frei
wie ein vogel war. manchmal
sehne ich mich, ich weiß nicht
wohin, zurück.

blaue berge.

Der Wüstenprinz

· Vera Oelmann ·

Während einer Rundfahrt durch Marokko, dieses wunderbar vielgesichtige Land roter Berge, grüner Küstenstreifen und goldfarbener Wüsten, mit seinen geheimnisumwobenen farbigen Orten und prächtigen Königsstätten, in denen die Märchen von 1001 Nacht noch ganz lebendig erscheinen, während einer Studienreise zu Kasbahs und Oasen, verliebte ich mich in einen Räuber.

Der Bus hielt nach dem Besuch eines Kamelmarktes, mit seinem bunten Treiben, den stolzen, blauen Männern der Wüste, den Tuareg und nach stundenlanger Fahrt durch Steppen, Steine, Sand und eine unglaubliche Fülle von Licht an einer Wasserstelle inmitten der Wüste. „Foto-Stopp" hieß es. Und was wir dort sahen, lohnte sich ohne Frage, fotografiert zu werden:

Schwarz vermummte Gestalten aus dem am Horizont wie eine Fata Morgana sichtbaren Dorf mit seiner Kasbah, einer jener hoch aufragenden Speicherburgen der Berber mit Zinnen, Turmbauten und Ecktürmen, knieten am Rande des Tümpels und waren damit beschäftigt, in der trüben Brühe ihre Wäsche zu waschen. Trüb, weil eine große Schar Kinder diese Wasserstelle als Badetümpel nutzten und darin tobten, planschten und spritzten.

Aber das kühlende Bad wurde bald völlig nebensächlich, nämlich just in dem Augenblick, als unser Bus sich anschickte, eine Pause einzulegen. Sofort waren wir umringt von einer tropfnassen, braun gebrannten, teilweise splitternackten Kindergesellschaft, die lachend und munter durcheinander plapperte. Wie hergezaubert hielten plötzlich alle etwas in den Händen: bunte Steine, Geschnitztes, Gebasteltes, Geflochtenes, Geknüpftes und Gewebtes, das sie uns zum Kauf anboten. Fünfjährige, Achtjährige, ja selbst die Allerkleinsten versuchten, mit uns ins Geschäft zu kommen.

Sicher etwas unvorsichtig, unbedacht und nicht ahnend, was auf mich zukam, holte ich eine große Tüte mit Süßigkeiten und eine noch größere mit Luftballons aus dem Bus, um die Inhalte gleichmäßig unter den Kindern zu verteilen. Die Ausgabe der Bonbons gelang mir trotz Gedränge und Gerangel noch recht gut. Als ich jedoch jedem Kind einige der Luftballons zuteilen wollte, sprang so ein kleiner glutäugiger Spitzbube plötzlich hoch und schnappte sich - ehe ich mich versah - die ganze, mit mindestens hundert Ballons gefüllte Tüte. Wie der Blitz sauste er davon quer durch die Wüste in Richtung Dorf und Kasbah, verfolgt von unzähligen, bewundernd dreinschauenden Kinderaugen und lautstarken, empörten Ausrufen der Touristen.

Nach diesem sportlich-diebischen Zwischenfall, der

von mir mit einem vergnüglichen Schmunzeln, von vielen anderen Mitreisenden jedoch mit hoheitsvollem Kopfschütteln und deutlich geäußertem Missfallen registriert wurde, hielten wir uns noch eine Weile an der Wasserstelle auf. Wir fotografierten die waschenden Frauen und tobenden Kinder, lauschten den ausschweifenden Ausführungen des Reiseführers, der uns alle - mit vorwurfsvollem Blick auf mich - noch einmal deutlich darauf hinwies, wie falsch es doch sei, Kinder in einem solchen Land zu beschenken, um dann unsere Fahrt in Richtung Kasbah fortzusetzen.

In der kleinen Ortschaft unterhalb der Speicherburg machten wir eine größere Pause. Die Hitze hatte den Durst verstärkt und alle Mitreisenden stürzten sich auf die einzige kleine Straßenwirtschaft, die Mittel- und Treffpunkt des Ortes und offenbar gleichzeitig das einzige Lebensmittel-, Frisör-, Bekleidungs- und Haushaltswarengeschäft war, um sich den landesüblichen Pfefferminztee zu bestellen. Denn Bier gab es hier erst nach Anbruch der Dunkelheit. Zum Bedauern vieler Reiseteilnehmer. Aber Allah wollte es so. Und ich fand es gut.
Später stand noch ein Eselritt hinauf zur Kasbah auf dem Programm. Später. Noch war es zu früh dazu, denn der mittags glutheiße Atem der Wüste lag drückend auf dem Trampelpfad nach oben und den schlichten, aus luftgetrocknetem Lehm und Sand errichteten Hütten des Ortes.

Wie schon so oft hatte ich mich abgesondert von der Reisegruppe und schlenderte allein umher - immer auf der Suche nach idyllischen und interessanten Fotomotiven. Die Sonne glühte vom Himmel. Kein Lüftchen regte sich und weit und breit war keine Menschenseele zu sehen. Die Einheimischen blieben zur Zeit der Mittagshitze in der Kühle ihrer Behausungen und hielten Siesta. Nur ab und zu wurde die lähmende Stille unterbrochen vom trübsinnigen Geschrei der träge auf Kundschaft wartenden Esel. Ich brachte ihnen ein paar beim Teetrinken gesammelte Zuckerstücke und schlenderte weiter durch das wie ausgestorben wirkende, verschlafene Dorf.
Da wehte mir eine plötzlich aufgekommene leichte Brise aus einem schmalen Gässchen zwischen den ärmlichen, aber in sauberem Weiß getünchten Lehmhütten einen roten Luftballon entgegen. „Ein Luftballon? Etwa einer von meinen Luftballons?" Ich war sofort hellwach.

Ganz vorsichtig schlich ich durch den schmalen Gang, der zu einem kleinen Innenhof führte. Schwanzwedelnd kam mir ein alter, abgemagerter Hund entgegen und verschlang gierig die ihm von mir gereichten Brocken aus meinem Lunchpaket, das allen Tagesausflüglern vom Hotel mitgegeben wurde. Und dann sah ich ihn, den kleinen goldhäutigen, glutäugigen und schwarz gelockten Spitzbuben. Er saß versonnen vor sich hin. Lächelnd inmitten des Hofes und um ihn herum tanzten unzählige aufgeblasene rote, grüne, gelbe, blaue und violette Luftballons. Er saß da und sah aus wie einer, der einen wunderbaren Schatz gefunden hatte. Nur ganz selten habe ich so viel Freude und Glück in den Augen eines Kindes gesehen.

Sehr behutsam und mucksmäuschenstill wollte ich mich von dannen schleichen, denn irgendetwas hielt mich davon ab, diesen zauberhaften Anblick zu zerstören. Aber zu spät! Der Junge hatte mich entdeckt und offensichtlich auch wiedererkannt, denn erschrocken sprang er auf und drückte sich ängstlich in eine Ecke des Hofes.

Was blieb mir anderes übrig, als ihm zuzulächeln, um ihm auf diese Weise zu zeigen, dass ich kein bisschen böse auf ihn war. Im Gegenteil! Hatte mich doch sein Anblick erinnert an die Zeit meiner Kindheit und das Haus meiner Großmutter, das Haus voller Wunder, in dem ich einst die Schatztruhe fand.

„Wie heißt du? Wie ist dein Name?", fragte ich ihn, um überhaupt etwas zu sagen. "Ga-ladima", antwortete er, indem er mit der flachen Hand auf seine Brust klopfte. „Galadima? Ein schöner Name! Ein wunderschöner Name! Deine Eltern müssen dich sehr lieb haben, wenn sie dir einen solchen Namen gegeben haben. Weißt du, dass Galadima Prinz heißt?" Ich merkte sehr wohl, dass er kein Wort von dem, was ich sagte, verstand, aber er sah mich mit großen, glänzenden Augen an und nickte.

Und dann saßen wir beide wie zwei Verschwörer zusammen auf diesem ärmlichen Hof in einem kleinen Dorf in Marokko inmitten der Wüste, lachten uns an, verspeisten den Rest meines Reiseproviants und bliesen die letzten Ballons auf. Als wir fertig waren, zeigte ich meinem kleinen neuen Freund Galadima, wie schön man sie treiben kann, diese schillernden, federleichten und so farbenprächtigen Bälle. Treiben, wie ein Schäfer seine Herde. Treiben durch die schmale Gasse bis hinaus auf die Straße.

Aus allen Hütten kamen plötzlich die Kinder. Und es wurden immer mehr. Jubelnd und lärmend trieben sie die Ballons auseinander und versuchten, sie wieder einzufangen. Auch die Alten waren, angelockt vom Jubel der Kleinen, aus den Häusern geeilt. Staunend fingen auch sie die bunten Bälle, lachten mir zu und freuten sich über das muntere Spiel und das Glück in den Augen ihrer Kinder.
Galadima, mein kleiner Straßenräuber, aber sagte keinen Ton. Verschmitzt zwinkerte er mir zu und machte seinem Namen alle Ehre: Er stand mit ausgebreiteten Armen und strahlenden Augen inmitten des Getümmels. Wie ein kleiner Prinz, der seinem Volk ein wunderbares Geschenk gemacht hat.

· Lisa Katharina Bechter ·

Eine Kinderträne
groß und klar,
der Blick des Mädchens,
rein und starr.

Machtlos,
erschöpft steht sie da und weint.
Weil für den Moment ihre kleine Sonne
im Herzen nicht mehr scheint.

Die Unbekümmertheit
löst sich in einer Sekunde auf.
Das Leben trifft den kleinen Körper,
die zarte Seele und nimmt seinen Lauf.

Die Freude scheint für den Moment erschöpft,
scheint verschwunden.
Doch liegt tief im Herzen die Hoffnung,
sie hat sich um die Seele gebunden.

Nach all den Tränen,
all dem Unglück
kehrt der neue Mut zu lächeln
wieder in das kleine Kinderherz zurück.

Ein Lächeln
huscht jetzt über ihr zartes Gesicht.

Versprüht hoffnungsvolle Leichtigkeit,
die Sonne bringt neues Licht.

Wir nennen es ‚naiv‘,
doch die Kinder sind uns in diesem Punkt weit voraus.
Sie glauben an das Gute,
bauen nach jeder Enttäuschung wieder auf des Herzens
[Haus.

Sie urteilen nicht
und vertrauen der gereichten Hand.
Nun liegt es an uns
zu binden ein schützendes Band.

· Carina Blumenroth ·

Spielgruppe, Kindergarten
Sackhüpfen, Topfschlagen
Ballontanzen, erste Klassenfahrt.

Alles war neu,
so aufregend und sorglos.
Aber ich wollte erwachsenwerden,
wollte endlich groß sein.

Wollte Schule, Abi, Führerschein.
Am liebsten alles auf einmal
und bitte ganz plötzlich.
Doch jetzt fühl' ich mich ziemlich verletzlich.

Ich möcht' so gern nochmal
Ballontanzen und Sackhüpfen.
Möchte Benjamin Blümchen hören
und Bibi Blocksberg.
Möchte so gerne wieder glauben können,
dass man wirklich zaubern kann.
Und alles wirklich so einfach ist,
wie es in den Geschichten von einst beschrieben ist.
Möchte nochmal Wahrheit oder Pflicht spielen,
mich wieder in der Zeit verlieren.

Go-Kart fahren und Tretboot.
Möchte wieder Nintendo 64 spielen
und in die Welt von Pacman tauchen.

Ich möchte keine großen Entscheidungen treffen,
sondern solche, die nichtig sind.
Das größte Problem sollte sein,
ob die Kleider von Barbie wirklich richtig sind.

Möchte mit Dir über Unsinn streiten
und zusammen mit Dir darüber lachen.
Denke mit einem Lächeln an früher zurück,
steige ins Auto und sehe
Kinder Gummitwist hüpfen.
Ich wünschte, alle hätten so ein Glück wie ich.

Liebesriese

· Hans-Georg Wigge ·

Ich habe mich zu dir gebückt,
du hast mich zärtlich fest gedrückt.
Du bist ein Riese der Gefühle,
wir „Großen" haben nicht mehr viele.
Das Wachsen in den Lebensgärten
ließ unsere Seelen arg verhärten.
Doch du Kind, lehrst mich neu zu lieben,
mit Sanftmut Zärtlichkeit zu üben.
Lässt mich im Buch der Kindheit lesen,
da ist doch irgendwas gewesen,
was tief verschüttet schlummert dort,
befreit durch dich, dein stilles Wort.
Wie oft hast du mir schon bewiesen,
beim Lieben sind die Kinder Riesen
Und wir? Wir haben nur vergessen,
die Schätze, die wir einst besessen!

Kindheit
· Andrea Lutz ·

Zurück in die Kindheit, die Muschel am Ohr
um das Rauschen des Meeres zu hören,
den Sand durch die Zehen rinnen lassen,
am Strand nach Grundwasser graben,
Gärten aus Seetang bauen.

Mit Sumsemann den Mond erobern,
mit Peter Pan nach Nimmerland,
allein durchs Märchenland gewandert
die Ohren konnten sich nicht satthören,
im Schlaf Geschichten weiter träumen.

Du findest mich nicht: Herzklopfen im Versteck,
Kränze aus Gänseblümchen gewunden,
knorrige Bäume erklettert und
ständig aufgeschlagene Knie
fürsorglich mit Jod bepinselt. Aua!

Tausend Abenteuer in Büchern erlebt,
mit Kara ben Nemsi durch die Wüste geritten.
Mit Natty Bumppo die Prärie durchquert.
Chingachgook und Winnetou hießen die Freunde,
und manchmal war auch Tom Sawyer dabei.

Halb Europa auf der Autorückbank verschlafen,
Twist, Rock'n Roll und Hula getanzt.

Unsterblich in Paul McCartney verliebt,
dicht gefolgt von Alain Delon und Gene Kelly.
Und heute soll all das nicht mehr möglich sein?

Das Auf-die-Bäume-klettern vielleicht nicht,
aber alles andere.
Du musst es nur wollen!

· Sabine Fenner ·

Ich kannte sie alle
Die kleinen Buchten rund um die Förde
Wir lagen am Strand, so dicht beieinander
Vertrauten unsere Träume den Wolken an

Sprangen von den hölzernen Pfosten
Wer kann's besser: DU oder ICH
Spuckten weit aus
Nur so zum Zeitvertreib

Dir schauten die jungen Helden tief in die Augen
Dein roter Schopf fiel auf
Hielt mich in deinem Windschatten
Für mich warst du stark

Als die Zeit der Reife kam
Verloren wir uns und die Jahre zogen ins Land

Und gerade heute, wo der Herbst wieder Einzug hält
Der Flug der Schwalben Melancholie vorankündigt
Denke ich an dich, deren Hand ich so gern' hielt

· Elsa Rieger ·

baut ein wolkenkuckucksheim
mit vorhängen aus federnflaum
ich bringe teerosenblätter vorbei

die tür fällt zu

im nebelwehen
besuch ich das wolkenschloss
vergeblich

doch hebe ich den kopf zum himmel
kann ich das kind noch fliegen sehen

manchmal

Blumenkinder
· Stephanie Mattner ·

Wiese – Rahmen milder Szenerie:
Der Himmel küsst blau wie nie
die sachte Handlung kleiner Hände;
Blumen windend im langen Zopfende.

Weiß an Gelb – Gänseblümchenblick,
in strahlenden Augen, laut verzückt.
Spielende Gebärde, flirrend ohne Zeit;
Sehnsucht bindend im knallbunten Kleid.

Tollend, springend, entrückt dem Weltenlauf,
leis' kichernd, lebt hier alte Hoffnung auf;
Vergangenheit suchend im perfekten Bild –
meine tiefsten Erinnerungen schwirren wild:

Hüpfend, Blumen pflückend, Lachen teilend,
wollen unbedacht im Wiesenspiel verweilen –
eine Minute nur im grenzenlosen Glück,
dann kehren sie in triste Realität zurück.

· Irene Daecke-Kamischke ·

Worte
möcht' ich dir schenken
mein Kind
als Dank für deine Tiraden
die - noch ganz ohne Inhalt –
für mich die gehaltvollsten sind

Worte
möcht' ich dir spinnen
die nur die Deinen sind
Ein glänzendes Gewirk aus Lauten
umhüllt deinen Reiz

Lange zarte Silben
weben deinen Kokon
sein Inneres bewahrt
dein Ich

Kein Schaden soll dich erreichen
gedankengewandet sanft
hält dich mein Herzschlag
umfangen

Mein Fühlen schimmert
in deinem Blick
das muss uns genügen

Es gibt dafür keine
Worte

Zum Ausklang,
frei zu sein

· Kevin Hattenberg ·

Keine Wege, die du strebst,
sind in Stein gemeißelt,
dass du zagst und sie begräbst,
von Bedacht gegeißelt.

Sie sind frei wie du es bist,
komm nun, gehe einen!
Du wirst staunen, was er misst
und wirst dich vereinen

mit Vielleicht, mit Ja und Nein.
Nichts ist mehr zuwider.
Auf dem Pfad des neuen Seins
gehst du immer wieder.

Neugier sorgt für frischen Wind,
nichts ist mehr verworren.
Habe Mut und sei ein Kind,
fühl dich neu geboren.

Danksagung

Wir danken in erster Linie den Autoren, ohne die diese wundervolle Anthologie niemals zu Stande gekommen wäre. Eure Beiträge machen diese Zusammenstellung zu etwas Einmaligem; Euer Herz für Kinder und für Poesie schwingt in jedem Text mit.

Vielen Dank an Lisa Katharina Bechter, die sich sofort als Lektorin anbot und sich die Nächte verkürzte mit der Durchsicht unserer Texte.

Danke an Rebekka Grünitz, die den ausgeschriebenen Malwettbewerb an der *Freien Adventschule* zum Gedicht *Noggel* von Markus Zimmermeier gewonnen hat und diese Anthologie dadurch grafisch bereichert.

Danke an Kristin Schulz für die kompetente Rechtsberatung und für die Hilfe bei diversen Recherchen. Danke an Stefanie Kieselmann für alle Ideen rund um Eventplanung und danke auch an Patricia Minks für die Unterstützung bei den sozialen Netzwerken.

Letztlich danken wir allen, die uns bis jetzt auf dem Weg begleitet haben und auch künftig dazu beitragen wollen, dass dieses Buch für den guten Zweck zunehmend den Fokus der Öffentlichkeit erlangt.

Ein Gedicht für ein Kinderlachen

SternenBlick ist aus der Idee entstanden, zeitgenössische Dichter zusammenzuführen und ihre Gedanken zum Thema „Kindheit und Kindsein" hören zu wollen. Mit der Textzusammenstellung auch etwas Gutes zu bewirken, ist eine Basis, auf die auch künftige Titel der Reihe aufbauen werden.

Nähere Informationen, den aktuellen Spendenstatus und geplante bzw. durchgeführte Aktionen das Projekt *SternenBlick* betreffend, entnehmen sie bitte unserer Homepage: www.sternenblick.org

Mit dem Erlös dieses Buches unterstützen wir *Kinderlachen e.V.* Der Düsseldorfer Verein sammelt Geldspenden und bringt sie in Sachform an Einrichtungen, die bedürftige Kinder unterstützen. Wir sind froh mit *SternenBlick* die engagierte Arbeit des Vereins fördern zu können.

Hauptherausgeberin: Stephanie Mattner

Studierte Informationswissenschaft und Neuere deutsche Philologie, mit Schwerpunkt auf Editionswissenschaft und Digitalisierung. Arbeitet derzeit in einem weltweit agierenden E-Book-Verlag in Berlin. Neben Webseiten- und Covergestaltung, gilt ihre Hauptleidenschaft der Poesie. Seit dem 16. Lebensjahr schreibt sie selbst und veröffentlicht seit 2013 ihre Gedichte kontinuierlich in Anthologien und thematischen Gedichtbänden.

Co-Herausgeber/Projektinitiator: Ben Kretlow

Der Kieler Dichter veröffentlicht seit mehreren Jahren seine Gedichtbände als E-Books. Besonderes Augenmerk legt er auf Textauswahl und -genese, weshalb alle seine Veröffentlichungen eine editorische Qualität aufweisen. Er arbeitet beruflich mit Kindern und setzt sich auch persönlich stark für das Thema ein; *SternenBlick* ist daher sein Beitrag für das Gute in der Welt.

Inhalt

Vorwort
Artem Zolotarov – Die Welt   7

Kapitel 1 – Kindsein
Stefanie Kieselmann – Kleiner Stern   11
Marlies Blauth – kinderszenen   13
Roman Brendel – Wovon sie wohl träumten   14
Susanne-Marie Hüttner – Stundenlang   15
Marie Fabienne Fahrenholtz – Lachkinder   16
Dagmar Tollwerth – Henry's Geschichte   18
Darline Wipp – Kinderlachen   28
Silke Burchartz – Hände, die halten   29
Lena Gottfriedsen – Wunderkind   30
Hannelore Furch – Auf dem Stoppelfeld   31
Susann Kraft – Ich wünschte, ich könnte...   32
Christine Neumeyer – Lilly ist anders   33
Michael Pilath – Kinderjubel   34
Hans-Georg Wigge – Rohdiamant   35
Rena Paperell – Kind sein   36
Barbara Bellschaus – Lottes Suche nach...   37
Werner Tiltz – Kleine Kinderhand   39
Christina Udwari – Pünktchen   40
Udo Brückmann – Ein Schlaf-Gedicht   42

Kapitel 2 – Kinderblick
Jörg Krüger – Dingefinderkinder I   45

Xenia D. Cosmann – Vor dem großen Haus 46
Karin Hufnagel – Ohne dich will ich nicht... 47
Luitgard Kasper-Merbach – Benni und.... 49
Margret Küllmar – Fragen und Antworten 52
Christina Udwari – Zahnlückenlachen 53
Michael Starcke – aus einem dachfenster 55
Elsa Rieger – Kinderaugen 57
Dietmar Ostwald – Yvonne im Märchenland 59
Susann Kraft – Sternenkind 63
Inge Millich – Lange her 64
Saskia Nagy – Zapp-Zerapp der Zauberer 65
Anant Kumar – Vishana und Mietze Katze 67
Holger Leisering – Was backen die Kinder? 68
Irene Daecke-Kamischke – Zur Nacht 69
Diana Stein – Kinderaugen, helles Lachen 70
Markus Zimmermeier – Noggel 71
Patrick Hattenberg – Des Nachts 72

Kapitel 3 – Kindheit
Annette Gonserowski – Erinnern 75
Yvonne Bedarf – Das Mädchen im Garten 76
Jörg Krüger – Sicht-Weise 78
Finn Lorenzen – An die Kindlichkeit 79
Heidemarie Andrea Sattler – Zauberhaft 80
Udo Brückmann – In deinen Augen 81
Ben Kretlow – Das stille Kind 82
Dörte Müller – Schuhkarton 83
Michael Starcke – blaue berge 84
Vera Oelmann – Der Wüstenprinz 86

Lisa Katharina Bechter – Kinderträne	92
Carina Blumenroth – Kindsein	94
Hans-Georg Wigge – Liebesriese	96
Andrea Lutz – Kindheit	97
Sabine Fenner – Rotschopf	99
Elsa Rieger – das kind	100
Stephanie Mattner – Blumenkinder	101
Irene Daecke-Kamischke – Für Nora	102
Kevin Hattenberg – frei zu sein	105
Danksagung	
Über uns	